型紙つき 0〜5歳児

発表会コスチューム155

はじめに

子どもたちにとっては
ワクワクドキドキの発表会

そんなワクワクを応援し、
ドキドキの力になってあげられる
コスチュームを作りましょう！

着るだけで
役になりきれるように……は、もちろん！

着るだけで楽しくなるように。
子どもたちといっしょに作りましょう。
各自が装飾したコスチュームなら
作品展のような楽しみもできますね。

カンタンに作れるコツや
華やかにするアイデアもたくさんあります。
はじめてでもだいじょうぶです。
安心して、作ってください。

楽しく作って
楽しい発表会ができますように。
そして、少しでも
手作りの楽しさを感じとってもらえたら……

ちいさなコスチュームに
大きな願いを込めて。

寺西 恵里子

発表会コスチューム155

型紙つき 0〜5歳児

もくじ

コスチュームインデックス・P.3	シンデレラ・・・P.30
0・1・2歳児 コブタヌキツネコ・・・P.8	こびとの靴屋・・・P.32
0・1・2歳児 アイアイ・・・P.9	かさじぞう・・・P.33
0・1・2歳児 大きな栗の木の下で・・・P.9	かぐや姫・・・P.34
0・1・2歳児 かわいいかくれんぼ・・・P.10	花咲かじいさん・・・P.36
0・1・2歳児 パンダ うさぎ コアラ・・・P.11	西遊記・・・P.38
大きなかぶ・・・P.12	十二支のはじまり・・・P.40
3匹のこぶた・・・P.14	ピーター・パン・・・P.42
おおかみと7匹のこやぎ・・・P.15	オズの魔法使い・・・P.44
3匹のやぎ・・・P.16	アラジンと魔法のランプ・・・P.46
おむすびころりん・・・P.17	アリババと40人の盗賊・・・P.47
桃太郎・・・P.18	ヒーロー・・・P.48
浦島太郎・・・P.20	ヒロイン・・・P.49
さるかに合戦・・・P.22	アイドル・・・P.50
ねずみの嫁入り・・・P.24	ほかにもいろいろ・・・P.52
赤ずきん・・・P.26	ナレーター和ふう・・・P.54
ブレーメンの音楽隊・・・P.27	ナレーター洋ふう・・・P.55
白雪姫・・・P.28	

らくらく！組み合せのヒント・P.56
〜いろいろなお話に使える！〜

さあ、作りましょう！・・・P.58
　用具いろいろ・・・P.58
　材料いろいろ・・・P.59
　基本のベスト・・・P.60
　基本のスカート・・・P.63
　基本のズボン・・・P.64
　基本の着物上・・・P.66
　帽子・・・P.68
　付け耳・・・P.69

子どもたちといっしょに
　作ってみよう！・・・P.70

コスチュームの作り方・・・P.72

お面のカラー型紙・・・P.109

動物の顔パーツ・付け耳・
　飾りなどの実物大型紙・・・P.110

0・1・2歳児 コブタヌキツネコ

ロンパーススタイルとベストスタイル。
月齢に合わせて選んでもOK。

ワンポイント！
ビニールテープをはるだけ！
同系色で選ぶと、
簡単でかわいいしあがりに。

コブタ
帽子と服の色は同じに。
ピンクがかわいいコブタです。

タヌキ
おなかを白くしてタヌキらしく。
大きなしっぽも付けましょう。

作り方 P.72

ネコ
白いネコです。
ふたりいたら、バリエーションは
黒ネコもいいですね。

キツネ
キツネは目と耳がポイント！
かわいいベストにしっぽを付けて。

作り方 P.72

アイアイ

0・1・2歳児

三角の耳がかわいいおさるのアイアイ。
みんないっしょもかわいいですね。

アイアイ

ベストとお面の組み合わせです。
下にオレンジの色を着るといいですね。

作り方 P.72

ワンポイント！
ベストの模様はキラキラテープを
丸シールではったもの。
低年齢児でもはれるので
いっしょに作ってもいいですね。

大きな栗の木の下で

0・1・2歳児

栗になって、歌いながら踊ります。
大きな衣装もかわいいですね。

栗

カラーポリ袋で作ります。
黄色い部分には、丸シールをはって！

残ったカラーポリ袋で
はち巻きも作りましょう！

ワンポイント！

作り方 P.73

パンダ うさぎ コアラ

0・1・2歳児

カラーポリ袋のポンポンで統一！
バルーンパンツもかわいいですね。

お面は顔が見えるように
かぶせてあげましょう。

ワンポイント！

作り方 P.74

作り方 P.74

パンダ
白と黒でパンダ！
タイツやTシャツでコーディネイト。

うさぎ
白いうさぎさんですが
たくさんいるときはピンクや黄色、
いろいろな色で作ってもいいですね。

コアラ
お面の色と服の色を合わせて
紫色のコアラです。

作り方 P.74

大きなかぶ

みんなでかぶを抜く楽しいお話。
色と模様でそれぞれに個性を！

おじいさん
付けひげでおじいさんらしさを！
帽子でかっこよく！

作り方 P.74

ベストを茶色にすると、下の服が華やかでも、おじいさん、おばあさんに見えますね。 ワンポイント！

おばあさん
ベストとロングスカート。
お花を付けると
かわいいおばあさんに。

娘
服の色は元気良く！
付け三つ編みでかわいく。

ワンポイント！
ポケットやエプロン、
どこかに模様が入ると
しあがりがぐっとよくなります。

作り方 P.74

作り方 P.75

おおかみと7匹のこやぎ

かわいいこやぎたちをベストで演出。
お母さんはロングスカートで。

ワンポイント！
丸シールは
子どもたちが
好きにはっても
いいですね。

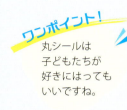

母やぎ
ブルーと白で
お母さんらしく。
エプロンの円形に切った
模様がアクセントです。

作り方 P.76

こやぎ
赤や黄色のベストに
黒い大きなリボン。
7匹のベストを色違いに
カラフルにするのもいいですね。

作り方 P.77

付け耳は毛糸を付けて
やぎらしく。
ワンポイント！

おおかみ
スカーフなどアイテムを加えると
グッとしまります。

作り方 P.76

おむすびころりん

帽子をかぶると
昔話のおじいさんとおばあさんに。
ベストを着るとねずみも昔話ふう。

おじいさん
ズボンのすそにゴムを入れてもんぺふう。
ちょっとしたことで
おじいさんらしくなります。

ワンポイント！
模様は消しゴムスタンプです。
子どもといっしょに
スタンプをポンポン！

作り方 P.77

おばあさん
紫の着物がおばあさんに見えるので
はんてんはかわいい色でも
だいじょうぶです。

作り方 P.78

ねずみ
ベストにひもを付けると
動き回る役でも
だいじょうぶですね。

ワンポイント！
模様はカラーテープと丸シール。
カラーテープを切っておいて
子どもが好きなようにはっても！

作り方 P.78

17

桃太郎

いろいろな役、カラフルに作れば
舞台がより豪華になりますね。

ワンポイント！
ちょんまげもすぐできます。
帽子の芯に紙を巻き、
上でまとめただけで簡単です。

桃太郎
カラフルな衣装も帯1つで
凛々しい雰囲気にしあがります。
キラキラテープも効果的です。

作り方 P.78

模様は保育者が切って、
子どもたちとはりましょう！

ワンポイント！

きじ
見た目より、作りは簡単！
カラーポリ袋を円形に切って
真ん中に穴をあけるだけ！

作り方 P.79

鬼たち
カラーポリ袋の透けた感じも
いかしたベストに
しましまパンツの組み合わせ。
頭には毛糸の髪の毛とつのを付けて！

作り方 P.79

ワンポイント！
紙を丸めて作るこん棒作りは
ぜひ、子どもたちと！

いぬ
日本の昔話に出てくるいぬは
耳をとがらせて。

作り方 P.80

さる
おなかの白は不織布をはって、
丸シールをアクセントに。
ズボンには丸く切った
カラークラフトテープで。

作り方 P.79

浦島太郎

砂浜はシンプルに！ 竜宮城ははでに！
シーンの展開を意識した衣装で。

ワンポイント！
かすりの模様は消しゴムスタンプに
絵の具を付けて押しています。
子どもたちとやりましょう！

作り方 P.80

浦島太郎
スズランテープの
こしみのに帯をしめて
足のカバーを付ければ
より浦島太郎に！

男の子
上着だけでも
雰囲気のある衣装に！
カラークラフトテープの
模様でインパクトを。

作り方 P.80

かめ
こうらは段ボールを芯にして
丸めた紙でボリュームを
持たせました。
リュックのように
背負うだけの作りです。

作り方 P.80

乙姫様
レース不織布を肩に回し、
帯に入れてすそを出すだけで、
豪華に。
頭飾りもポイントです！

作り方 P.81

さかな
円形に切ったカラーポリ袋の上
着にスズランテープのこしみの。
たくさんさかながいるときは色
違いでカラフルに作りましょう。

上着の模様は丸く切ったカラーポリ袋を
半分に折って折り目をはっただけ。
動くと模様もヒラヒラ動きます。

ワンポイント！

作り方 P.81

さるかに合戦

特徴のある役が多いので
1つ1つ個性的に作れるのが楽しいですね。

さる
スカーフを付けて主役に！
それぞれのアイテムには
模様を付けて華やかに。

模様の柄は
保育者が切っておいて
子どもたちが
付けてもいいですね。

ワンポイント！

作り方 P.82

かに
カラーポリ袋で作ったかにのボディを
帯で留めるだけで簡単！
カラー製作紙の帯がいいですね。

作り方 P.83

はち
黄色と黒ではちらしさを！
背中の羽はエアパッキンを使っています。

手足のフラワーペーパーの花を広げるのを子どもといっしょにしてもいいですね。
ワンポイント！

作り方 P.82

栗
カラーポリ袋で作った栗の形がユニークな衣装です。頭にも栗のお面を！

作り方 P.82

うす
カラーポリ袋で作ったうすにカラー製作紙の帯をして！中は白黒の着物で強さを強調しましょう。

ワンポイント！
帯は子どもたちのウエストに合わせて。ずれないように、少しきつめに調整しましょう。

作り方 P.82

ねずみの嫁入り

かわいい耳を付けたねずみたちに
はでな太陽、雲、風で舞台はより華やかに!

ねずみのお父さん
お父さんはベストを着て
ちょっと貫禄(かんろく)を。

ねずみのお母さん
黄色にオレンジの着物に紫の帯。
水色の帯あげがポイントです。

帯は中に厚紙を入れて
しっかりした形に
しています。
ワンポイント!

ねずみの娘
着物の柄は顔料ペンで描いて
お花を付けてかわいく!

ねずみの若者
青い着物で若者らしさを!
柄にはキラキラテープも使って。

自分の着る着物の柄は
自分で描いてもいいですね。
ワンポイント!

作り方 P.83
作り方 P.84
作り方 P.83
作り方 P.83

太陽
太陽の暑さを感じるように、赤ベースにキラキラテープやキラキラモールで。

作り方 P.84

雲
白いカラーポリ袋に白とブルーのお花でフワフワした感じを表現しています。

作り方 P.84

ワンポイント！
バルーン型の衣装はカラーポリ袋の上下にゴムを入れ手の出る所を切っただけで簡単です。

スズランテープの色の組み合わせが風らしい雰囲気にしあげます。
ワンポイント！

風
首のスカーフは風になびいているように結びます。スズランテープの動きが風を感じます。

作り方 P.85

赤ずきん

かわいい赤ずきんと怖いおおかみ。
差がつくように作りましょう。

おおかみ
金の丸シールをはった
スカーフでアレンジ。
中のTシャツはスカーフと
コーディネイトして。

作り方 P.85

作り方 P.86

作り方 P.85

おばあさん
丸く切ってゴムを付けただけの
帽子がポイント！
ワンピースはエプロンふうで
おばあさんらしさを。

赤ずきん
ケープにフードを付けました。
スカート丈もかわいい丈で。

丸シールやマスキングテープをはるのを
子どもといっしょにやってもいいですね。

ワンポイント！

狩人
ベストはひもで絞めたデザインで。
帽子と鉄砲で狩人らしさを
出しています。

作り方 P.86

ブレーメンの音楽隊

種類が違う動物たち。
耳や羽、色で特徴を！

どろぼう
黒っぽくしあげて
どろぼうに！
ベストでちょっと
おしゃれに。

ところどころに
キラキラテープを入れると
華やかさが増しますね。
ワンポイント！

作り方 P.87

にわとり
丸く切ったカラーポリ袋のボディに
とさかの付いた帽子でにわとりに！

作り方 P.87

ねこ
ネクタイでアレンジ！
どうせ付けるならはでな色で。

作り方 P.86

いぬ
首にはネクタイ！
ワンポイントあると、
テンションが上がります。

作り方 P.87

ろば
カラーテープではでに装飾。
大きな耳もポイントです。

作り方 P.87

27

白雪姫

いろいろなタイプの衣装が楽しい白雪姫。
色もカラフルにすると舞台が華やかです。

白雪姫
大きなリボンと
金モールがポイント。
ベストにはそでを付けて。

王子
赤いマントがポイント！
王冠もかぶればりっぱな王子様。

こびとたち
帽子とベストとベルトだけでこびとに。
色はカラフルに7人作りましょう。

作り方 P.88

作り方 P.88

作り方 P.88

ボタンは丸シール。
子どもの好きな色のシールを
はるといいですね。

ワンポイント！

胸の模様はテープを
はっただけですが
衣装が凝って見えますね。

ワンポイント！

魔女
黒い服にカラーポリ袋のブルーが
映える衣装です。
黒いとんがり帽子が
魔女らしさを出しています。

作り方 P.89

狩人
スカーフをプラスしたり、
Ｔシャツの色を変えたりすると
衣装の雰囲気も変わります。

作り方 P.89

お妃
赤と黒で強いイメージに！
マントを付けただけで
迫力があります。

ワンポイント！
カラービニールテープと
キラキラテープを
規則正しくはると
布の模様のようになりますね。

作り方 P.89

王子
ゴールドの肩掛けが王子の証(あかし)。
そで口やズボンの側章(そくしょう)、肩章(けんしょう)を付けて王子らしく。

魔女
紫のマントでアレンジ。
丸シールの模様を
アレンジしてもいいですね。

シンデレラ（前）
エプロンやスカーフで雰囲気づくり。
ベストに少しキラキラテープを入れて。

作り方 P.91
作り方 P.91
作り方 P.90

こびとの靴屋

こびとたちは同じ色でもいいのですが
2、3色あると舞台が
にぎやかになりますね。

こびとたち
帽子をかぶるとこびとさんのイメージに！
パンツはすそを折ってはいています。

ワンポイント！
ベストのボタンは好きな数だけ
子どもたちがはってもいいですね。

靴屋さん
エプロンを付けると職人さんに！
ひげも付けると
りっぱな感じになります。

作り方 P.91

作り方 P.91

かさじぞう

おじぞう様はカラーポリ袋で簡単に作れます。
子どもたちが装飾すればより楽しいですね。

おじいさん
スズランテープで作ったみので
雪の日のイメージになります。

作り方 P.92

おばあさん
エプロンのひもを
前で結ぶだけで
雰囲気がつくれます。

作り方 P.92

おじぞう様たち
シルバーのカラーポリ袋の本体に
不織布の前掛けでおじぞう様に。

作り方 P.91

ワンポイント！
模様はマスキングテープと
キラキラテープで付けています。
子どもたちと楽しんで作れます。

かぐや姫

華やかなかぐや姫だけでなく
みんなが主役な感じの衣装で
そろえましょう。

かぐや姫
大きなリボンが特徴です。
着物のすそ、そで口に
テープを付けただけで
ぐっと華やかになります。

ワンポイント！
キラキラシールをはったり、
そで口にカラーテープをはったり、
子どもたちと楽しんで
作れるといいですね。

作り方 P.92

おばあさん
中がはでな色でも
落ち着いた色の上着を着ると
おばあさんに見えますね。

作り方 P.94

おじいさん
白いひげを付けるだけで
おじいさんになりますね。

作り方 P.94

天女
かぐや姫と色を替えてまとめましょう。
頭飾りが天女のいちばんの特徴です。

帝
白、黒に高貴な色、紫を加えて帝に。帽子は簡単に作れます。

家来
四角いベストと帽子が家来の雰囲気を出しています。

テープを四角く切っておいて子どもが好きにはってもいいですね。
ワンポイント！

作り方 P.93

花咲かじいさん

花咲かじいさんは
おじいさんだけどはでに。
悪者は落ち着いた色にして、
お話を盛り上げます。

花咲かじいさん
赤、黄、青のはでな色がポイント。
白い帯をアクセントに！

作り方 P.94

ワンポイント！
着物の柄は
消しゴムスタンプです。
2回ずつ押しています。
子どもたちとスタンプ
してもいいですね。

いぬ
大きい耳の白いいぬです。
胸の毛を付けて、
ちょっと華やかに。

おばあさん
おじいさんとおそろいに見えるベスト。
白い帽子がかわいいおばあさんです。

作り方 P.94

作り方 P.95

桜の精
桜の精も登場人物に。
上は着物、下はスカート。
帯をして、全体は和テイストに。

フラワーペーパーのお花は、
かわいい役にはぴったり！
子どもといっしょに
作ってもいいですね。

ワンポイント！

作り方 P.95

殿
ちょんまげかつらを
かぶればお殿様に。
はおりと帯は強そうに！

作り方 P.95

悪いおじいさん
おばあさんとおそろいの色で
物語をわかりやすくします。

作り方 P.95

悪いおばあさん
役の雰囲気を
色やデザインで表現します。
帽子と上着を濃い色にして。

作り方 P.96

西遊記

元気いっぱいの孫悟空。
衣装もカラフルに元気良く！

ベストは切り込みと
テープのはり方で
いろいろな服になります。

ワンポイント！

作り方
P.96

孫悟空
赤と金で華やかな孫悟空です。
キラキラテープを
はるだけで目だちます。

三蔵法師
白ベースに金と赤で品のいいイメージに。
王冠に付いているカラーポリ袋もポイントです。

作り方
P.97

鬼たち

鬼は「桃太郎」の鬼を
使ってもいいですね。
模様は子どもの思い思いに。

作り方
P.79

帯の色で、
イメージが変わります。
結ぶ位置はちょっと横に！

沙悟浄

頭のお皿で沙悟浄に！
服の色もイメージしやすい緑で。

猪八戒

シンプルなデザインでも色がはでだと
目だつ衣装になります。
スポンジの鼻でより猪八戒らしく！

作り方
P.96

作り方
P.96

十二支のはじまり

たくさん出てくるお話は
わかりやすくお面で！

それぞれの特徴や色を活かした衣装に
お面を付ければ、よりいいですね。

ワンポイント！
お面は子どもたちと作りましょう！
アウトラインだけ描いておいて
子どもが塗り絵をしてもいいですね。

神様 作り方 P.99

ねこ 作り方 P.99

うし 作り方 P.97

うさぎ 作り方 P.97

ねずみ 作り方 P.97

とら 作り方 P.97

たつ 作り方 P.98

ピーター・パン

いろいろな役があって
楽しいピーター・パン。
それぞれの個性を強調しましょう。

ウェンディ
シンプルなデザインでも
少し凝ったところが目を引きます。
えりのレースやベルトも
かわいいですね。

作り方 P.100

ティンカー・ベル
キラキラしたイメージを
テープの動きで表現！

ピーター・パン
シンプルな衣装には小物で勝負！
スカーフやベルトがポイントです。

ワンポイント！
ベルトの結び方も
大事なポイント。
前から見てかっこよく
結びましょう。

作り方 P.100

作り方 P.100

オズの魔法使い

個性豊かな登場人物。
衣装でどこまで近づけるかもポイントです。

One Point!!
残ったポリ袋でリボンを
作って付ければ
かわいいアクセントに！

魔法使い
魔女は下にスカートを
もう1枚はいて
ちょっと、大人な魔女に。

作り方 P.102

ドロシー
カラーポリ袋ならではの光沢と
シルバーのテープが
華やかなドレスです。

作り方 P.101

ライオン
胸の毛がりっぱなライオンです。
しっぽは三つ編みで！

作り方 P.101

かかし
つぎはぎは両面テープではって
ステッチはビニールテープです。

つぎはぎだけ作っておいて
子どもがはっても
いいですね。
ワンポイント！

作り方 P.101

ブリキ男
シルバーのカラー製作紙と
キラキラテープと丸シール。
シルバーでブリキ感を！

作り方 P.101

アリババと40人の盗賊

盗賊は強そうに！ アリババは賢そうに！
色も重要なポイントです。

アリババ
白にブルーと黄色で決めたら
帽子、ベスト、ズボンは
キラキラテープではでに！

盗賊
黒いズボンに赤いベストの
組み合わせでも強そうなうえに
ひげでワンランクアップの強さに。

作り方 P.103

ワンポイント！
ベストの水玉模様は綿棒に
絵の具を付けて、点描します。
子どもたちといっしょに
作りましょう。

作り方 P.103

がっちりのベルトで
かっこいいヒーローに！

スーパーヒーロー
だれもがにあう白にゴールド！
えり飾りで簡単にヒーローに！

マントのヒーロー
マントひとつ加えるだけで
カッコよくなります。
中もシルバーできめて！

ワンポイント！
ズボンにラインをはるだけ！
えり飾りにシールをはるだけ！
小さなポイントを加えるだけで
オリジナルにも！

色もポイント！
シルバー、赤、青、ビビッドな
組み合わせで
色からも強さを強調します。

ワンポイント！

作り方 P.104

作り方 P.103

ヒロイン

オーガンジーを肩に掛け、
女の子のあこがれ、お姫様。

黄色いドレス
黄色とゴールドの組み合わせがおしゃれ。
すそのボーダーもポイントです。

ピンクのドレス
スカートの間にオーロラシートを
挟むだけでゴージャスに！

ワンポイント！
ティアラにブレスレットに
ブローチ！
女の子はパーツが多いだけで、
テンションが上がるので、
小物もいろいろ用意すると
いいですね。

ワンポイント！
スカートの丸シールは
子どもたちといっしょに
はってもいいですね。

作り方 P.104

作り方 P.104

ほかにも いろいろ

発表会で人気のコスチュームです。
コスチュームから演目を選んでも!

お祭り
はっぴに帯に手ぬぐい!
体操着の上に着るだけで
お祭りになりますね。

ワンポイント!
まめしぼりのドットは
めん棒で絵の具をスタンプしただけ。
はっぴの柄もテープをはるだけ。
子どもたちがそれぞれ
自分のを作るといいですね。

作り方 P.106

忍者
カラーポリ袋で簡単に作れます。
上着の色をカラフルにしても
いいですね。

ワンポイント!
忍者の頭きんは
カラーポリ袋の角を
利用していて、
簡単に作れます。

作り方 P.106

天使

白とシルバーでまとめました。
エアパッキンの羽は
軽いので、動きやすいです。

ワンポイント！
手足にシルバーを付けるだけで
ワンランクアップします。

フラダンス

こしみのを付けて
手足、頭に飾りを付けます。
男女違うのがポイントです。

こしみのはひもを通すだけでできます。
子どもたちと作りましょう！
ワンポイント！

下から体操着を着ています。
運動会にも使えますね。
ワンポイント！

ナレーター 和ふう

進行にかかせないナレーター。
ナレーターも自信を
持てるような演出を。

ワンポイント！
子どもたちが着物の柄を
描くのもいいですね。

作り方 P.107

和ふうナレーター（女の子）
短い着物で、ちょっと変化を。
さりげなく髪飾りでかわいく。

ワンポイント！
下のハーフパンツは
はかまふう。
ベストのテープは
好きに付けて。

作り方 P.107

和ふうナレーター（男の子）
ちょんまげにベスト姿。
ナレーターも少し目だたせて。

和ふうのお話のときの
ナレーターの
イメージです

ナレーター 洋ふう

ふたりセットでもできるように
ネクタイがおそろいです。

洋ふうナレーター（女の子）
リボンが特徴です。
スカートはカラーポリ袋で二重です。

丸シールをはったり
できることを
少しやってみると
衣装に愛着がわきますね。

ワンポイント！

作り方 P.107

洋ふうナレーター（男の子）
リボンにキラキラテープをはります。
ベストにも装飾を！

作り方 P.107

ポケットやすそのテープ、
土台だけ渡して、
自由に装飾しても
いいですね。

ワンポイント！

洋ふうのお話のときの
ナレーターの
イメージです

らくらく！組み合わせのヒント
～いろいろなお話に使える！～

組み合わせしだいで、いろいろなお話に使えます。
形を参考に色を変えたりしてもいいですね。
主役になる衣装は、キラキラテープではでにしたり、目だつようにアレンジしても！

例えば…
金のがちょう

3兄弟は男の子と女の子を混ぜても。
3匹の子ぶたの衣装でもいいですね。

このお話から使ってみました！
- 3兄弟：『ナレーター洋ふう』と『ピーター・パン』のマイケル
- 町の人：『シンデレラ』の姉
- 王様：『シンデレラ』の王子
- お姫様：『白雪姫』のお妃

作り方 P.107 / 作り方 P.107 / 作り方 P.100 / 作り方 P.90 / 作り方 P.91 / 作り方 P.89

3兄弟　／　町の人　／　王様　／　お姫様

例えば…
北風と太陽

旅人のマントは
魔女のマントを
旅人ふうの色で作って、
着せてもいいですね。

このお話から使ってみました！
- 旅人：『ブレーメンの音楽隊』のどろぼう
- 北風・太陽：『ネズミの嫁入り』の風・太陽

作り方 P.87 / 作り方 P.85 / 作り方 P.84

旅人　／　北風　／　太陽

例えば…　**ヘンデルとグレーテル**

木こりのお父さんとお母さんは悪者なので落ち着いた色に作るとわかりやすいですね。

このお話から使ってみました！
- 男の子：『ピーター・パン』のジョン
- 女の子：『ピーター・パン』のウェンディ
- 魔法使い：『オズの魔法使い』の魔法使い
- お父さん・お母さん：『大きなかぶ』のおじいさん・おばあさん

作り方 P.100　男の子
作り方 P.100　女の子
作り方 P.102　魔法使い
作り方 P.74　お父さん
作り方 P.74　お母さん

例えば…　**泣いた赤鬼**

和ふうのお話にも使えそう！
鬼は主役なので
キラキラテープでもっとはでに！

このお話から使ってみました！
- 赤鬼・青鬼：『桃太郎』の鬼たち
- 女の子：『ナレーター和ふう』の女の子
- 男の子：『浦島太郎』の男の子
- おじいさん・おばあさん：『かぐや姫』のおじいさん・おばあさん

作り方 P.79　赤鬼
作り方 P.79　青鬼
作り方 P.107　女の子
作り方 P.80　男の子
作り方 P.94　おじいさん
作り方 P.94　おばあさん

このほかにもいろいろなお話が作れます。

さあ、作りましょう！

作るコスチュームが決まったら、ここを読んでから作りましょう！
写真で1工程ごとに解説しているので、初めてでもだいじょうぶです。
簡単に作れるコツやきれいに作るポイントも紹介しているので
安心して、作りましょう！

- 基本のベストの作り方　不織布で …P.60　カラーポリ袋で …P.62　● 基本のスカートの作り方…P.63
- 基本のズボンの作り方…P.64　● 基本の着物上の作り方…P.66　● 帽子の作り方…P.68　● 付け耳の作り方…P.69

用具や材料

用具や材料はそろえてから始めましょう！　それだけで、効率よく作れます。

用具いろいろ

これでなければ！というのではありません。
代用できるものがあれば、それでもだいじょうぶです。

切る

切れ味が悪いとしあがりが悪くなるので
切れ味のいいものをそろえましょう。

使い慣れると、なによりも早く切れてきれいです。

ハサミ　　カッターナイフ　　ロールカッター　あると便利！ ★

下書き

キチンと測って作るのが
きれいにできるポイントです。

熱で消えるペンも便利です。

定規　　コンパス　　マーカー　　ペン

ゴム通し

ズボンやスカートの
ゴムを通すときに使います。
安全ピンなどでも代用できます。

ゴム通し

はる

素材によって接着するのりが異なります。
素材に合わせて使いましょう。

不織布はこれではっています。

スティックのり　　木工用ボンド　　不織布用のり　あると便利！ ★

プラスチックボンド　　セロハンテープ　　両面テープ

カラーポリ袋はこれではっています。

あると便利

なくてもできますが、
使うと早くきれいにしあがります。

のりを付けるときの下敷きに便利です。

アイロン　　カッターマット　　クリップ　　クリアフォルダー

不織布のしわを取ります。中温でかけます。

服を裁断するときに使います。

さあ、作りましょう！

材料いろいろ

材料によって、しあがりが変わってきます。
装飾の材料もいろいろあると楽しいですね。

服

どちらも色も豊富で使いやすい素材です。

本書はこの2種類を基本にして作っています。

- 不織布
- カラーポリ袋

帽子・小物

帽子やベルト、コスチュームに大事なアイテムが作れます。

- 色画用紙
- カラー製作紙
- 金ボール紙／銀ボール紙

装飾

ちょっとしたテープやシールをはるだけで華やかになります。
子どもたちといっしょに楽しみながらしましょう！

- カラービニールテープ
- カラークラフトテープ
- カラー布テープ
- キラキラテープ
- スズランテープ
- マスキングテープ
- 丸シール
- フラワーペーパー
- オーロラシート
- モール
- キラキラモール
- リボン

そのほか

スカートやズボンはゴムが必須です。
エアパッキンは天使の羽になります。

- 平ゴム／輪ゴム
- 段ボール
- エアパッキン
- 新聞紙

★印は、ひかりのくにで取り扱っています。
詳しくは、ひかりのくに代理店・営業所・本社・支社へお問い合わせください。
ひかりのくに総合カタログもご覧ください。

さあ、作りましょう！

基本のベストの作り方

型紙を写して、形に切って縫って作ることもできますが、ここでは簡単な、
型紙を写さない裁断方法　**抜き型紙**　と
縫わずにのりで作る方法　で
紹介しています。短時間で作れるので、
ぜひ、一度試してみてください。

えりぐり　そでぐり

使う型紙（抜き型紙）
- 90cmの型紙　**B面**
- 100cmの型紙　**B面**
- 110cmの型紙　**A面**

不織布で

不織布用ののりで作る方法を紹介しています。縫い方はP.65の下「縫って作るときの縫い方」を参照。

※カラーポリ袋で作る場合、4以降はP.62を参照。
※ワンピースも基本的にこの作り方で作れます。ベストからワンピースへの型紙の作り方はP.108を参照。

---

1 布を切り、畳みます。

1

不織布を切ります。

サイズ 90cm…布の大きさ→32cm×76cm
サイズ 100cm…布の大きさ→35cm×80cm
サイズ 110cm…布の大きさ→38cm×84cm

2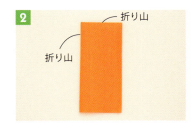

先に縦半分に折り、横半分に折って、写真のように四つ折りします。折り山

2 そでぐりを切ります。

1

そでぐりの抜き型紙をセロハンテープではります。

かんたん！ポイント
抜き型紙をセロハンテープではるだけで、線を引かずに切れます。

2

写真のように、布がずれないように、上と左をクリップでとめます。

3

セロハンテープごと型紙に合わせて切ります。

4

そでぐりが切れたところです。切れたら、セロハンテープとクリップを取ります。型紙は何度でも使えます。

3 えりぐりを切ります。

1

肩線

写真のように上に開き、折り山と肩線に合わせて抜き型紙をセロハンテープではり、クリップを留めます。

2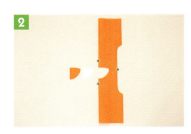

セロハンテープごと型紙に合わせて切ります。

3

セロハンテープとクリップを外して広げ、上下に畳みます。

★えりぐりと前と後ろがぶつかったところ

4 肩の傾斜を作ります。 縫う場合 画用紙で当てた部分に線を引き、縫います。

1

★（3-3参照）
2.5cm (100,110)
2cm (90)

クリアフォルダーの上に服を置き、のりを塗る部分だけ出るように画用紙を置きます。

2

不織布用ののりを使用しています。

三角にのりを塗ります。
（両肩、同じように塗ります）

3
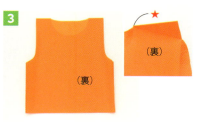
（裏）

裏返して畳み直し、肩を写真のよう三角に折って、しっかりはります。

4

縫わずにはるだけでOK
（表）

表に返し、肩傾斜が作れました。

5 脇をはります。 縫う場合 裏返して、脇から1cm内側を縫い、表に返します。

1

（表）
1cm

まえみごろ
前身頃の脇を裏返し、クリアフォルダーの上に置き、のりを塗る部分(1cm幅)だけ出るように画用紙を置きます。

2

のりを塗ります。
（両脇、同じように塗ります）

3

前（表）　後ろ（表）
1cm

後ろ身頃の上に、前身頃が乗るようにはります。

4

ベストの　でき上がり！

前あきの場合

1

前の中心を切ります。
前あきベストの　でき上がり！

後ろあきの場合

1

背中の中心を、10cm切ります。
ひもを2本(15cm×1.5cm)切ります。

2

ひもの先1cmにのりを付け、裏にはります。

3

後ろあきベストの　でき上がり！

さあ、作りましょう！

基本のベストの作り方 **カラーポリ袋で** 両面テープではり付けます。

1 形に切ります。

1 P.60の不織布の切り方と同じです。抜き型紙を使って、セロハンテープをはって切ります。

3 表に返し、肩傾斜が作れました。

2 肩の傾斜を作ります。

1 肩に写真のように斜めに両面テープをはります。

3 脇をはります。

1 前身頃の脇を裏返し、脇に両面テープをはります。

2 裏返して畳み直し、肩を三角にしっかりはり、写真のように折ります。

2 後ろ身頃の脇の表にはります。

3 両脇、同じようにはり、ベストの **でき上がり！**

両面テープは1cm幅が便利

脇等は際に合わせてはれるので、1cm幅が便利です。

ベストの形バリエーション

[前あき]
- リボンを付けて
- ポケットを付けて
- 丸く切って
- テープをはり、形を強調
- 切り方で和のベストにも

[後ろあき]
- えりを付けて
- 前の柄を作って
- お花を付けて
- そでを付けて

ほかにもいろいろアレンジできます。

基本のスカートの作り方

まっすぐな布を筒にして、上を折って平ゴムを通すだけでスカートに。縫わずに作るので簡単です。

1 布を切り、脇をはります。

1 布を130cm×65cmに切ります。

2 裏側の端をクリアフォルダーの上に置き、1cmだけ出るように画用紙を置いて、のりを付けます。

3 布を輪にして、もう1方の端にはります。

2 上にゴムを通します。

1 上3cmを折ります。

2 上端をクリアフォルダーの上に置き、1cmだけ出るように画用紙を置き、のりを付けます。

3 2cmほどはらないで、ゴム通し口を作り、上端をはります。

4 上端がはれました。

5 2-3のゴム返し口からゴムを通します。

6 スカートのでき上がり！

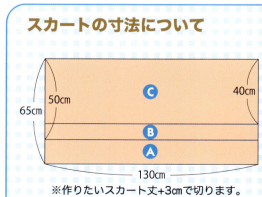

スカートの寸法について

65cm / 50cm / C / B / A / 40cm / 130cm

※作りたいスカート丈+3cmで切ります。

ひざ上 **C** 37cm / ひざ下 **B** 47cm / くるぶし **A** 62cm

さあ、作りましょう！

基本のズボンの作り方

難しそうに見えるズボンも簡単に作れます。
股下をはって、左右２本を作ったら、
股上をはり合わせて、上を折って平ゴムを通すだけです。

使う型紙 A面
100cm・110cm共通です

1 布を切ります。

1
46cm×68cmを２枚切ります。

2
折り山
２枚とも半分に折ります。

3
折り山
1-2を２枚重ね、折り山に型紙を合わせて、クリップで留めます。

4
型紙の右側をセロハンテープではります。

5
型紙の右側をセロハンテープごと切ります。切れたら、セロハンテープとクリップを取ります。型紙は何度でも使えます。

2 股下をはります。

1
ズボンの下にクリアフォルダーを敷き、端１cmだけ出るように画用紙を置き、のりを塗ります。

2
もう一方の端の表にはります。

3
２本作ります。

3 股上をはります。

1
股上の中にクリアフォルダーを入れ、端１cmだけ出るように画用紙を置き、のりを塗ります。

2
カーブも画用紙をずらしながら、のりを塗ります。

4 上にゴムを通します。

3 もう1本の股上を重ねるようにはります。

4 股上がはれたところです。

1 上3cmを折ります。

2 上端をクリアフォルダーの上に置き、1cmだけ出るように画用紙を置き、のりを付けます。

3 2cmほどはらないで、ゴム通し口を作ります。

4 上端がはれました。

5 ゴムを通します。

ゴムの長さ
ゴムは子どものウエストに合わせて、ジャスト寸法で切ります。結ぶとちょうどよい長さになります。

6 ズボンの **でき上がり！**

縫って作るときの縫い方
ほとんどは並縫いで作れます。
股下など、じょうぶにしたい所は半返し縫いがおすすめです。

並縫い

半返し縫い

一針先に針を出し、半分戻るを繰り返します。

のりを付ける道具

この3点があれば、不織布の服が簡単に作れます。

基本の着物上の作り方

着物はまっすぐなのが特徴なので、作るのは簡単です。
しっかりはって、作りましょう！

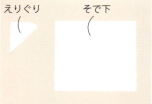

使う型紙（抜き型紙）**B面**
100cm・110cm共通です

1 布を切ります。

94cm×94cmに切り、四つ折りします。

型紙をセロハンテープではり、クリップで留めます。

セロハンテープごと切ります。

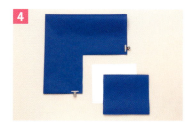

そで下が切れたところです。切れたら、セロハンテープとクリップを取ります。型紙は何度でも使えます。

2 えりぐりを切ります。

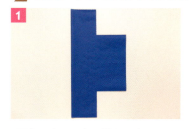

写真のように上に開きます。

折り山と肩線に合わせて抜き型紙をセロハンテープではり、クリップを留めます。

セロハンテープごと型紙に合わせて切ります。

セロハンテープとクリップを取り、広げます。

上下に畳み、両脇に切り込みを入れます。

3 脇、そで下をはります。

前身頃の脇を裏返し、クリアフォルダーの上に置き、のりを塗る部分だけ出るように画用紙を置き、のりを塗ります。

さあ、作りましょう！

後ろあきの場合

1

P.61のベストと同じように後ろあきを作ります。

2 はり合わせます。
（両脇、同じように塗ります）

3 同じようにそで下をはり、着物上の **でき上がり！**

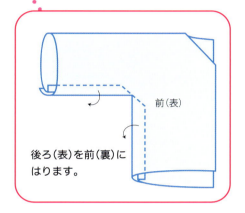

後ろ（表）を前（裏）にはります。

前（表）

ワンポイント！

切り込みを入れたときは、最後にテープや不織布をはります。こうしておけば、脱いだり着たりするときに引っ張っても、破れにくくなります。

着物上の形バリエーション

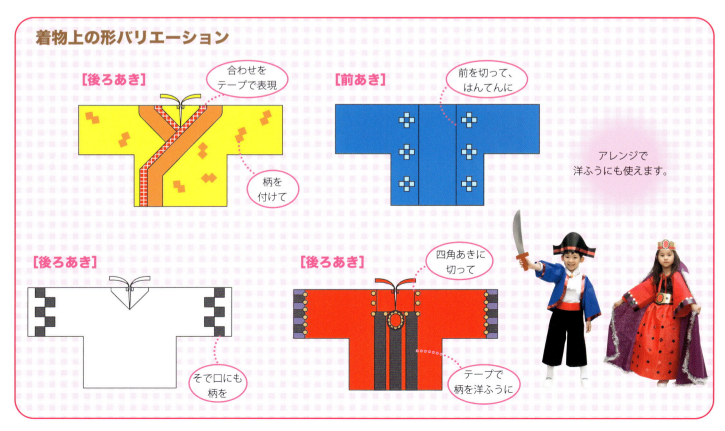

[後ろあき] 合わせをテープで表現 / 柄を付けて

[前あき] 前を切って、はんてんに

[後ろあき] そで口にも柄を

[後ろあき] 四角あきに切って / テープで柄を洋ふうに

アレンジで洋ふうにも使えます。

帽子の作り方

土台は紙のベルトなので簡単！
布を土台に巻くだけで、
いろいろな形ができます。

1 カラー製作紙を切ります。

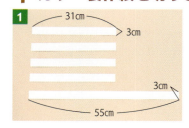

31cm×3cmを4本、55cm×3cmを1本切ります。

2 土台を作ります。

1

長いほうを輪にして1cm重ねてはります。

2

短いほうを写真のようにはります。

3

対角線にもう1本はります。

4

斜めに交差するように、2本はり、土台ができました。

3 布を切ります。

1

55cm×22cmに布を切ります。

4 布を帽子の形にします。

1

布の裏の脇を、クリアファイルの上に置き、のりを塗る部分だけ出るように画用紙を置き、のりを塗ります。

2

輪になるようにはります。

3

上を絞ります。

4

輪ゴムで留め、裏返します。

5 土台に布を付けます。

1

布の帽子の中に土台を入れます。

さあ、作りましょう！

2 土台にのりを付けます。

3 2cm折り込んではります。

4 表に返して、**でき上がり！**

付け耳の作り方

お面を作るのはたいへん…
というときは、付け耳でもOK！
耳の形を変えれば、
いろいろな動物になります。

1 紙を切ります。

1 色画用紙を形に切ります。
耳の型紙 P.110 P.111
土台の型紙 P.111

2 耳を作ります。

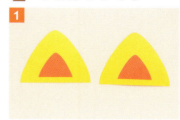
1 色を重ねてはります。

2 下を1cm折ります。

3 折った中心を1cm切ります。

3 土台に付けます。

1 土台の穴をあける所にセロハンテープをはります。

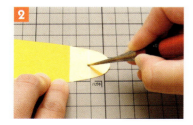
2 目打ちなどで、穴をあけます。

3 耳が内側に向くように折ってはります。
（後ろから撮影しています）

4 穴にゴムを通して、**でき上がり！**

さあ、作りましょう！

子どもたちと いっしょに 作ってみよう！

子どもたちも楽しみにしているコスチュームです。
いっしょに作ってみるのもいいですね。
土台ができたら、装飾を手伝ってもらいましょう。
自分が作ったコスチュームだとやる気もうれしさも倍になりますね。

「作りたい！」が広がる、ことばがけをしてみましょう！

子どもたちの前で、作りましょう。

どんなスカートがいい？

そばに来たらチャンス！
イメージが膨らむようにことばがけを！

こうやってやるのよ。

初めは、いっしょにやってもいいですね。

やってみる？

できそうなことを手渡ししてみましょう。

じょうずね！

必ず褒めてあげましょう。

できた!!

子どもたちと作るいろいろ ＆ ワクワクのことばがけ例

できた！ わぁ、かわいい！

丸シール　ペタペタはってみよう！

シールをはるだけで華やかになります。

四角いテープ　どんな模様ができるかな？

正方形に切ったテープで模様を作ります。
組み合せしだいで、いろいろな模様に！

P.9 大きな栗の木の下で 栗

材料 カラーポリ袋・丸シール・平ゴム

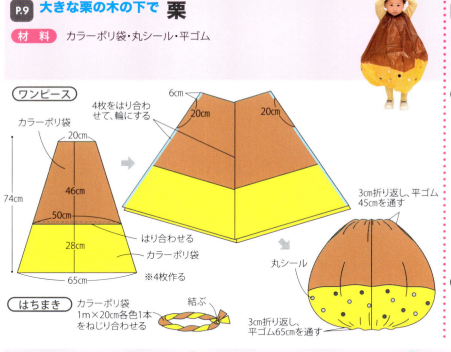

P.10 かわいいかくれんぼ ひよこ

材料 カラーポリ袋・カラー帽子・色画用紙・フラワーペーパー・丸シール・平ゴム・輪ゴム

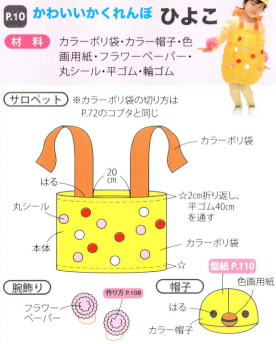

P.10 かわいいかくれんぼ すずめ

材料 カラーポリ袋・カラー帽子・色画用紙・フラワーペーパー・カラークラフトテープ・スズランテープ・平ゴム・輪ゴム

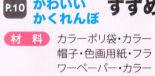

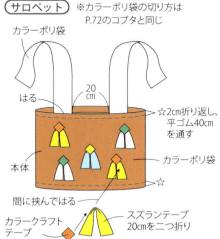

P.10 かわいいかくれんぼ こいぬ

材料 カラーポリ袋・カラー帽子・色画用紙・フラワーペーパー・カラークラフトテープ・丸シール・平ゴム・輪ゴム

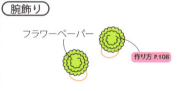

P.10 かわいいかくれんぼ にわとり

材料 カラーポリ袋・カラー帽子・色画用紙・フラワーペーパー・丸シール・平ゴム・輪ゴム

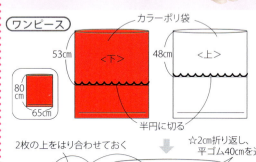

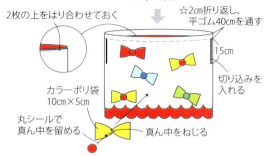

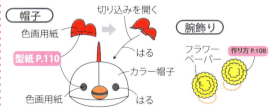

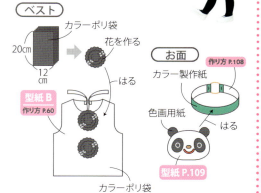
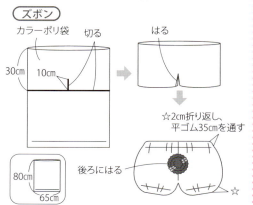

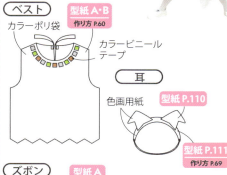
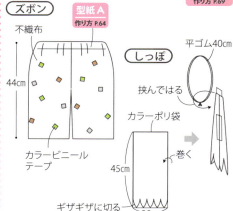

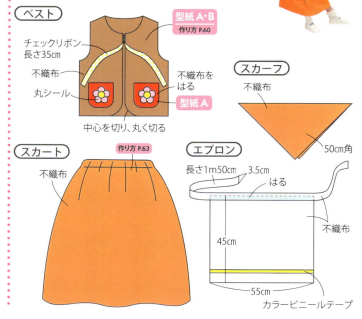

P.19 桃太郎 いぬ

材料 不織布・カラーポリ袋・色画用紙・カラービニールテープ・丸シール・平ゴム

P.20 浦島太郎 浦島太郎

材料 不織布・色画用紙・カラークラフトテープ・トイレットペーパー芯・カラー布テープ・スズランテープ・平ゴム・輪ゴム

P.20 浦島太郎 男の子

材料 不織布・カラークラフトテープ・平ゴム

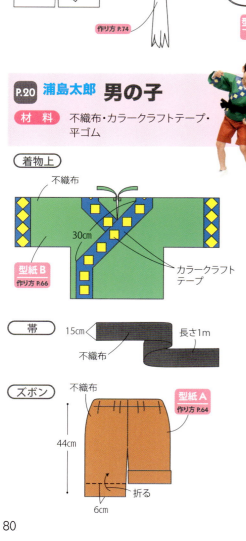

P.20 浦島太郎 かめ

材料 カラーポリ袋・不織布・カラー製作紙・カラークラフトテープ・キラキラテープのり付き・カラービニールテープ・リボン・エアパッキン・段ボール

P.21 浦島太郎 乙姫様

材料 不織布・レース不織布・オーロラシート・金ボール紙・カラークラフトテープ・マスキングテープ・カラービニールテープ・丸シール・ワンタッチフラワーリボン・平ゴム・輪ゴム・エアパッキン

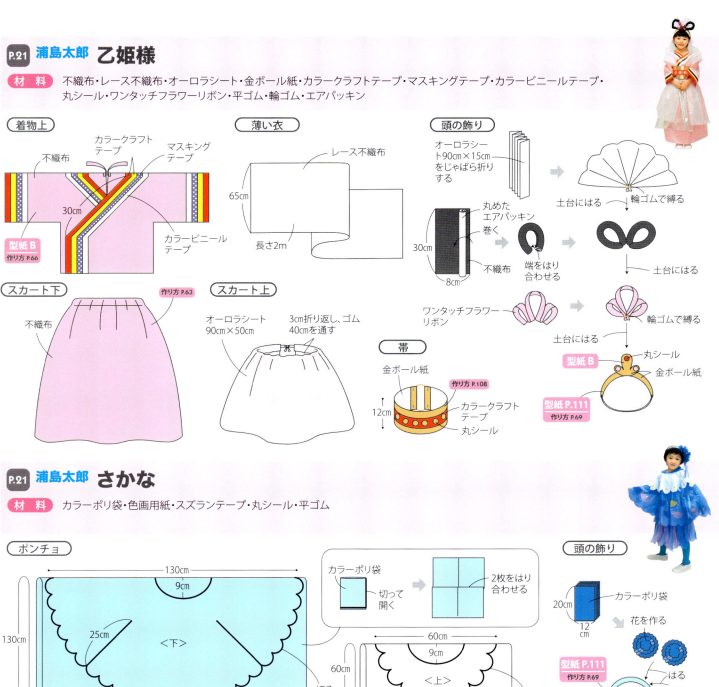

P.21 浦島太郎 さかな

材料 カラーポリ袋・色画用紙・スズランテープ・丸シール・平ゴム

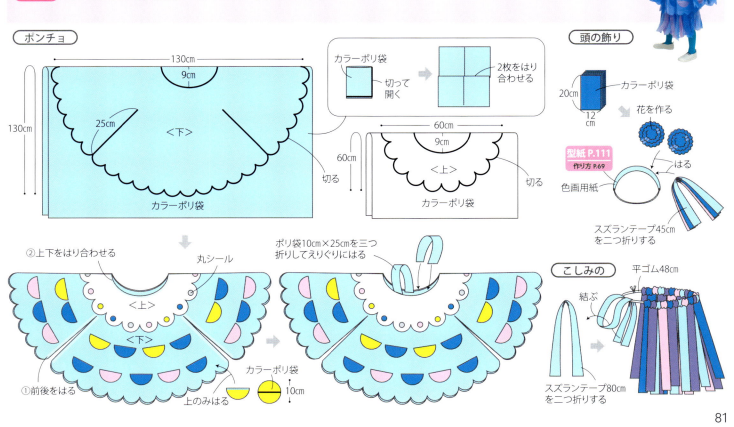

P.22 さるかに合戦 さる

材料 不織布・カラーポリ袋・色画用紙・カラービニールテープ・カラークラフトテープ・丸シール・平ゴム・エアパッキン

〈ベスト〉 作り方 P.79

〈耳〉 作り方 P.79

〈スカーフ〉
70cm / 35cm
不織布
カラークラフトテープをはる

〈ズボン〉 作り方 P.79

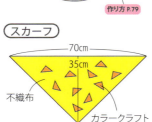

〈しっぽ〉 作り方 P.79

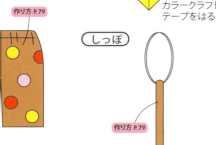

P.23 さるかに合戦 はち

材料 不織布・カラーポリ袋・カラー布テープ・色画用紙・モール・エアパッキン・フラワーペーパー・丸シール・平ゴム・輪ゴム

〈ベスト〉 型紙A・B 作り方 P.60
不織布、丸シール

〈触角〉 3.5cm
はる、色画用紙、モール8cm
型紙 P.111 作り方 P.69
穴をあけて差し込み、内側にはって留める

〈羽〉 エアパッキン / 左右を作る
はる、型紙A、色画用紙

〈ズボン〉 型紙A 作り方 P.64
カラーポリ袋、カラー布テープをはる
35cm
2cm折り返し、ゴム25cmを通す

〈足飾り・腕飾り〉
フラワーペーパー、作り方 P.108

P.23 さるかに合戦 うす

材料 不織布・カラーポリ袋・カラー製作紙・カラー布テープ・キラキラテープのり付き・輪ゴム・エアパッキン

〈着物上〉 カラー布テープをはる
型紙B 作り方 P.66
不織布

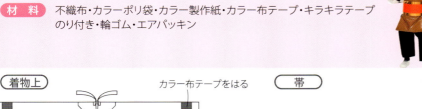

〈帯〉 作り方 P.108
13cm、カラー製作紙、キラキラテープのり付き

〈ズボン〉 型紙A 作り方 P.64
不織布
47cm

〈うす〉 カラーポリ袋
5cm大きく切る
はる、切り込み、裏、はる
45cm、くるむ、エアパッキン、カラーポリ袋
30cm

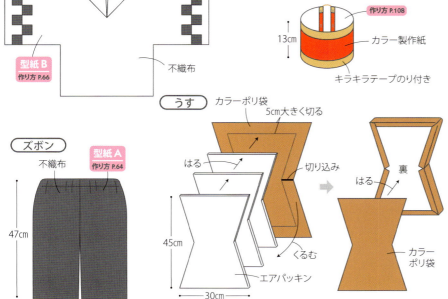

P.23 さるかに合戦 栗

材料 カラーポリ袋・色画用紙・カラー製作紙・カラービニールテープ・平ゴム・輪ゴム

〈ワンピース〉 作り方 P.73

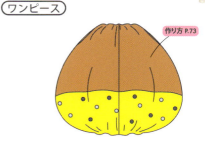

〈お面〉 作り方 P.108
型紙 P.109、色画用紙、はる、カラー製作紙

〈はちまき〉 首に巻いて結ぶ
作り方 P.73

P.22 さるかに合戦　かに

材料　カラーポリ袋・カラー製作紙・キラキラテープのり付き・輪ゴム・エアパッキン

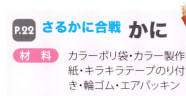

（カニ）

（帯）

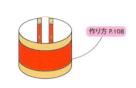

P.24 ねずみの嫁入り　ねずみの娘

材料　不織布・レース不織布・カラー製作紙・色画用紙・フラワーペーパー・カラークラフトテープ・マスキングテープ・平ゴム

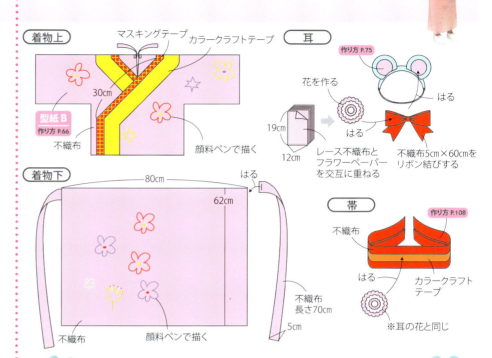

P.24 ねずみの嫁入り　ねずみの若者

材料　不織布・カラー製作紙・色画用紙・カラークラフトテープ・マスキングテープ・キラキラテープのり付き・丸シール・平ゴム

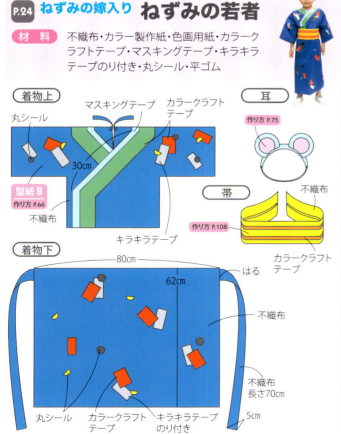

P.24 ねずみの嫁入り　ねずみのお父さん

材料　不織布・カラー製作紙・色画用紙・カラークラフトテープ・マスキングテープ・平ゴム

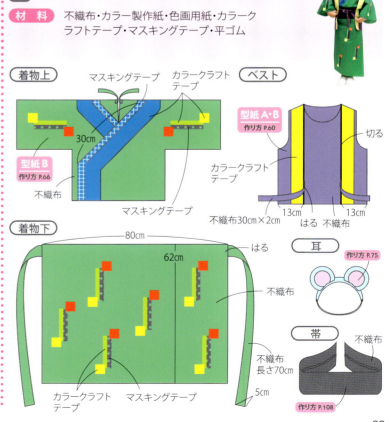

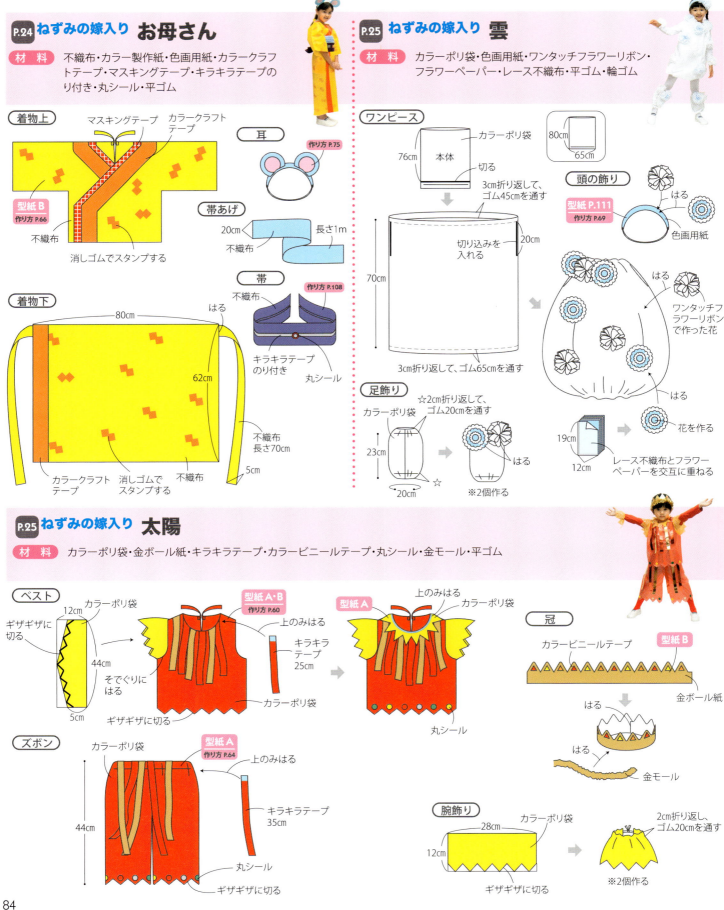

P.25 ねずみの嫁入り 風

材料 カラーポリ袋・不織布・レース不織布・スズランテープ・キラキラテープ・平ゴム

P.26 赤ずきん 赤ずきん

材料 不織布・チェックリボン・キラキラテープのり付き・丸シール・平ゴム

P.26 赤ずきん おおかみ

材料 不織布・カラーポリ袋・カラー製作紙・丸シール・綿・平ゴム

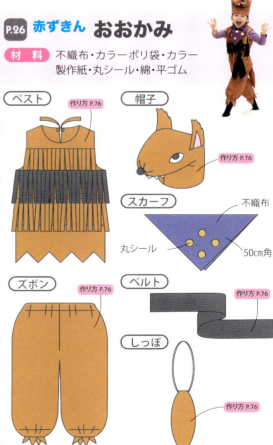

85

P.27 ブレーメンの音楽隊 いぬ

材料　不織布・カラーポリ袋・カラー製作紙・画用紙・カラービニールテープ・キラキラテープのり付き・平ゴム

P.27 ブレーメンの音楽隊 ろば

材料　カラーポリ袋・色画用紙・キラキラテープ・丸シール・毛糸・平ゴム

P.27 ブレーメンの音楽隊 どろぼう

材料　不織布・カラーポリ袋・キラキラテープのり付き・カラークラフトテープ・丸シール・平ゴム

P.27 ブレーメンの音楽隊 にわとり

材料　カラーポリ袋・不織布・カラー製作紙・毛糸・丸シール・平ゴム

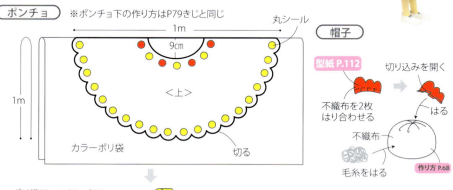

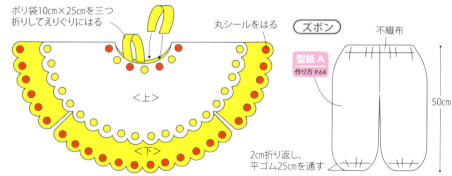

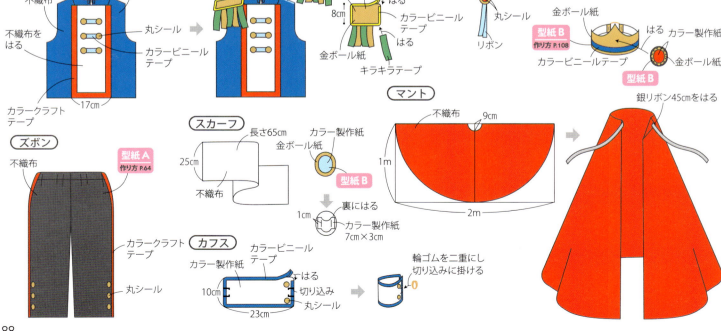

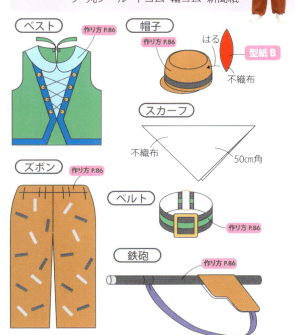

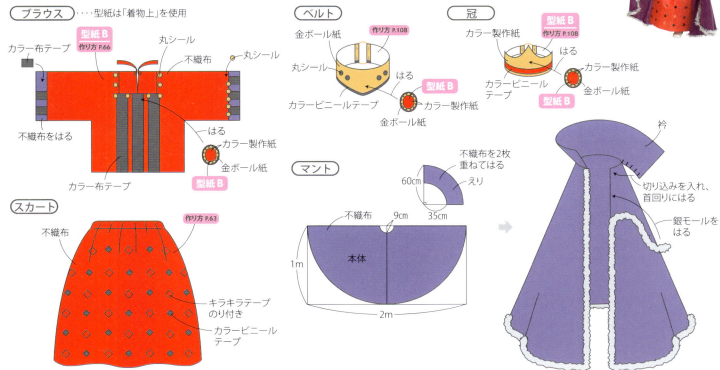

P.31 シンデレラ 王子

材料 不織布・カラー製作紙・金ボール紙・カラークラフトテープ・カラービニールテープ・キラキラテープ・丸シール・平ゴム・輪ゴム

- ベスト 作り方 P.88
- ズボン 作り方 P.88
- たすき: 金ボール紙 長さ1m5cm、7cm、はる
- ベルト 作り方 P.108: カラー製作紙、金ボール紙、型紙B
- カフス 作り方 P.88

P.31 シンデレラ 魔女

材料 不織布・カラーポリ袋・カラー製作紙・カラークラフトテープ・キラキラテープのり付き・丸シール・銀リボン・平ゴム

- 帽子 作り方 P.89
- マント: 銀リボン45cmをはる、キラキラテープのり付き、9cm、15cm、65cm、65cm、カラーポリ袋
- スカート 作り方 P.89

P.32 こびとの靴屋 こびとたち

材料 不織布・ワンタッチフラワーリボン・丸シール・平ゴム

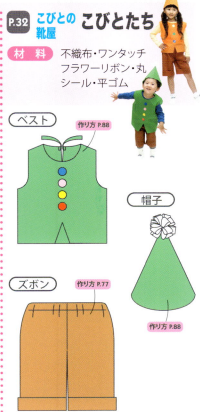

- ベスト 作り方 P.88
- 帽子
- ズボン 作り方 P.77 / 作り方 P.88

P.32 こびとの靴屋 靴屋さん

材料 不織布・カラー製作紙・カラークラフトテープ・カラービニールテープ・丸シール・毛糸・平ゴム・輪ゴム

- ベスト 作り方 P.74
- 帽子 作り方 P.74
- ひげ 作り方 P.74
- ベルト 作り方 P.74
- ズボン 作り方 P.74
- エプロン: 不織布長さ42cm、2.5cm、20cm、後ろにはる、丸シール、後ろにはる、不織布、不織布長さ38cm、50cm、27cm、50cm、2.5cm

P.33 かさじぞう おじぞう様たち

材料 不織布・カラーポリ袋・カラー製作紙・マスキングテープ・キラキラテープのり付き・スズランテープ・丸シール・平ゴム

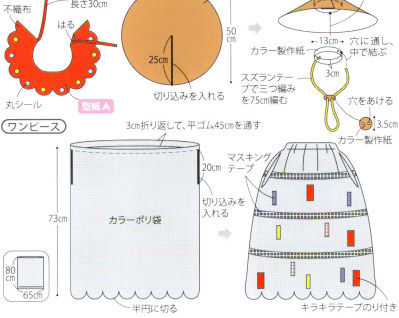

- 前掛け: 1.5cm、不織布長さ30cm、不織布、はる、丸シール、型紙A
- かさ: カラー製作紙、50cm、25cm、切り込みを入れる／24cm重ねて、はり合わせる、中にはる、13cm、カラー製作紙、3cm、スズランテープで三つ編みを75cm編む、穴に通し、中で結ぶ、穴をあける、3.5cm、カラー製作紙
- ワンピース: 3cm折り返して、平ゴム45cmを通す、20cm、切り込みを入れる、73cm、カラーポリ袋、80cm、65cm、半円に切る、マスキングテープ、キラキラテープのり付き

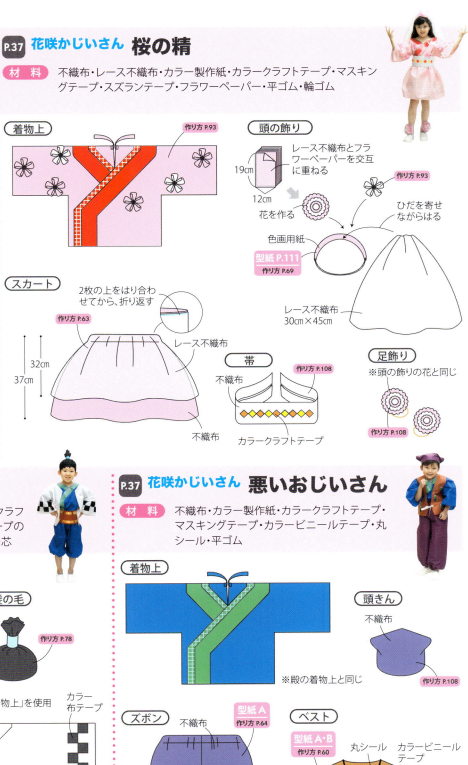

P.38 西遊記 三蔵法師

材料 不織布・カラーポリ袋・金ボール紙・カラークラフトテープ・カラービニールテープ・キラキラテープのり付き・輪ゴム

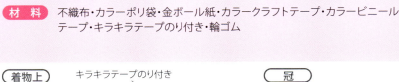

【着物上】 キラキラテープのり付き／カラークラフトテープ／30cm／型紙B 作り方P.66／不織布

【着物下】 80cm／62cm／はる／不織布 長さ70cm／不織布／5cm

【冠】 金ボール紙／型紙B 作り方P.108／カラービニールテープ／内側にはる／8cm／15cm／65cm／切る／カラーポリ袋

【帯】 作り方P.108／13cm／金ボール紙／カラービニールテープ

P.40 十二支のはじまり ねずみ

材料 カラーポリ袋・カラー製作紙・色画用紙・丸シール・輪ゴム

【お面】 作り方P.108／カラー製作紙／はる／色画用紙／型紙P.109

【ベスト】 作り方P.75

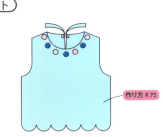

P.40 十二支のはじまり うし

材料 不織布・カラー製作紙・画用紙・色画用紙・色画用紙・平ゴム・輪ゴム

【ベスト】……型紙は「ワンピース」を使用
不織布／型紙A・B 作り方P.60・108／55cm／不織布をはる／ギザギザに切る

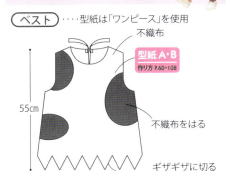

【ズボン】 作り方P.77

【お面】 カラー製作紙／作り方P.108／はる／色画用紙／型紙P.109

P.40 十二支のはじまり とら

材料 不織布・カラーポリ袋・カラー製作紙・色画用紙・カラー布テープ・キラキラテープのり付き・平ゴム・輪ゴム

【ベスト】 不織布／型紙A・B 作り方P.60／綿棒でスタンプする／キラキラテープのり付き／中心を切り、丸く切る

【ズボン】 作り方P.82

【お面】 カラー製作紙／作り方P.108／はる／色画用紙／型紙P.109

P.40 十二支のはじまり うさぎ

材料 不織布・カラー製作紙・色画用紙・丸シール・チェックリボン・輪ゴム・丸シール

【お面】 カラー製作紙／作り方P.108／はる／色画用紙／型紙P.109

【ブラウス】……型紙は「ベスト」を使用
型紙A／不織布／はる／半円に切る／チェックリボンをリボン結びしてはる／丸シール／不織布／型紙A・B 作り方P.60

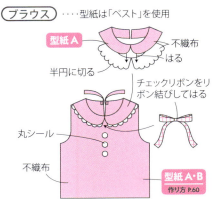

P.40 十二支のはじまり たつ

材料　カラーポリ袋・カラー製作紙・色画用紙・カラークラフトテープ・キラキラテープのり付き・平ゴム・輪ゴム

お面
- カラー製作紙
- はる
- 作り方 P.108
- 型紙 P.109
- 色画用紙

ワンピース

作り方 P.80

P.41 十二支のはじまり へび

材料　不織布・カラー製作紙・色画用紙・キラキラテープ・丸シール・輪ゴム

お面
- カラー製作紙
- はる
- 作り方 P.108
- 型紙 P.109
- 色画用紙

ベスト

- 型紙 A・B　作り方 P.60
- 不織布
- 丸シール
- 上のみはる
- キラキラテープ 35cm

P.41 十二支のはじまり うま

材料　不織布・カラー製作紙・色画用紙・輪ゴム

お面
- 作り方 P.108
- カラー製作紙
- はる
- 色画用紙
- 型紙 P.109

ワンピース
・・・・型紙は「ベスト」を使用
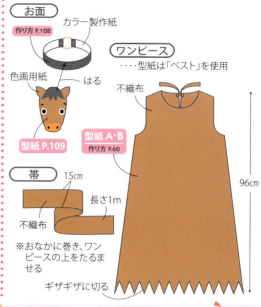
- 型紙 A・B　作り方 P.60
- 不織布
- 96cm
- ギザギザに切る

帯
- 15cm
- 長さ 1m
- 不織布
- ※おなかに巻き、ワンピースの上をたるませる

P.41 十二支のはじまり ひつじ

材料　カラーポリ袋・カラー製作紙・色画用紙・ワンタッチフラワーリボン・平ゴム・輪ゴム

お面
- カラー製作紙
- 作り方 P.108
- はる
- 型紙 P.109
- 色画用紙

ワンピース
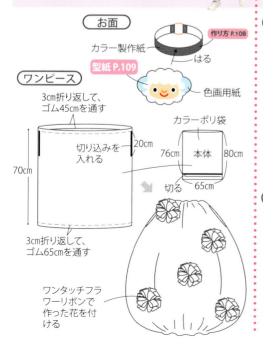
- 3cm折り返して、ゴム 45cmを通す
- 切り込みを入れる
- 20cm
- カラーポリ袋
- 76cm　本体　80cm
- 切る　65cm
- 70cm
- 3cm折り返して、ゴム 65cmを通す
- ワンタッチフラワーリボンで作った花を付ける

P.41 十二支のはじまり さる

材料　カラーポリ袋・不織布・カラー製作紙・色画用紙・カラークラフトテープ・カラービニールテープ・丸シール・平ゴム・輪ゴム

ベスト

作り方 P.79

お面
- カラー製作紙
- はる

- 色画用紙
- 型紙 P.109

ズボン
- 作り方 P.79

P.41 十二支のはじまり とり

材料　カラーポリ袋・不織布・カラー製作紙・色画用紙・丸シール・平ゴム・輪ゴム

お面
- 作り方 P.108
- カラー製作紙
- はる
- 色画用紙
- 型紙 P.109

ポンチョ
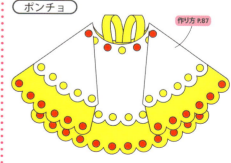
作り方 P.87

P.41 十二支のはじまり いぬ

材料 不織布・カラー製作紙・画用紙・色画用紙・カラービニールテープ・平ゴム・輪ゴム

(ベスト) 作り方 P.74
(お面) 作り方 P.108 — カラー製作紙・はる・色画用紙・型紙 P.109
(ズボン) 作り方 P.74
(胸の毛) 作り方 P.77

P.41 十二支のはじまり いのしし

材料 不織布・カラーポリ袋・カラー製作紙・色画用紙・平ゴム・輪ゴム

(ベスト) 作り方 P.76
(お面) 作り方 P.108 — カラー製作紙・はる・型紙 P.109・色画用紙
(ズボン) 作り方 P.76

P.40 十二支のはじまり ねこ

材料 カラーポリ袋・カラー製作紙・金ボール紙・色画用紙・カラークラフトテープ・リボン・平ゴム・輪ゴム

(ベスト) 作り方 P.75
(お面) 作り方 P.108 — カラー製作紙・はる・型紙 P.109・色画用紙
(ズボン) 作り方 P.75
(鈴) 作り方 P.75

P.40 十二支のはじまり 神様

材料 不織布・レース不織布・金ボール紙・カラークラフトテープ・キラキラテープのり付き・カラービニールテープ・丸シール・平ゴム・輪ゴム

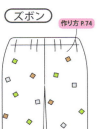

(着物上) 不織布・キラキラテープのり付き・カラークラフトテープ・30cm・型紙B 作り方 P.66
(冠) 金ボール紙・カラービニールテープ・型紙B 作り方 P.108

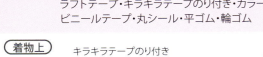

(スカート) 作り方 P.63 不織布
(羽衣) レース不織布・65cm・長さ2m
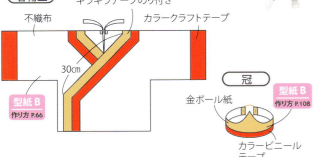

(帯) 作り方 P.81

P.43 ピーター・パン フック船長

材料 不織布・カラー製作紙・金ボール紙・銀ボール紙・キラキラテープのり付き・丸シール・平ゴム・輪ゴム

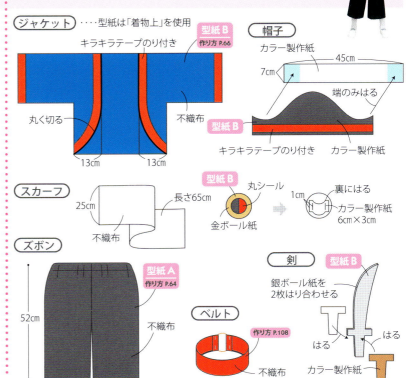

(ジャケット) ……型紙は「着物上」を使用
キラキラテープのり付き・型紙B 作り方 P.66・丸く切る・不織布・13cm・13cm
(帽子) カラー製作紙・7cm・45cm・端のみはる・型紙B・キラキラテープのり付き・カラー製作紙
(スカーフ) 25cm・長さ65cm・不織布
丸シール・金ボール紙 → 1cm・裏にはる・カラー製作紙 6cm×3cm
(ズボン) 52cm・型紙A 作り方 P.64・不織布
(ベルト) 作り方 P.108・不織布
(剣) 型紙B・銀ボール紙を2枚はり合わせる・はる・カラー製作紙

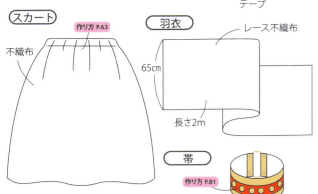

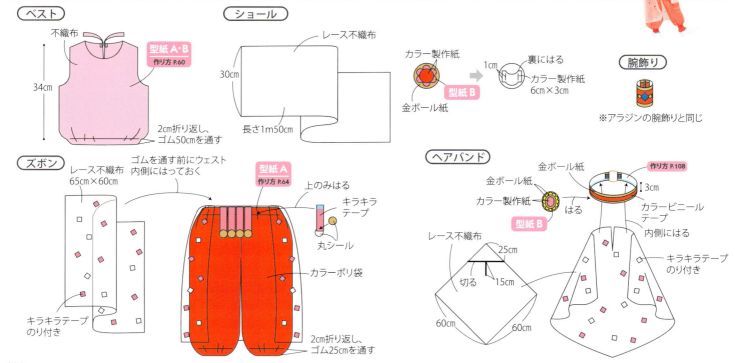

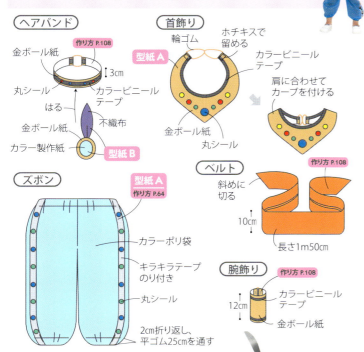
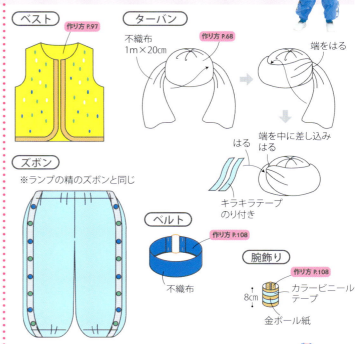
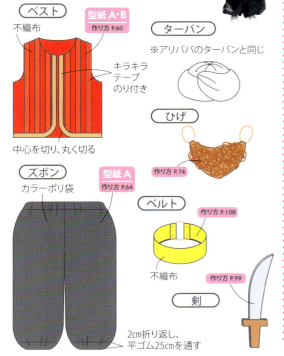
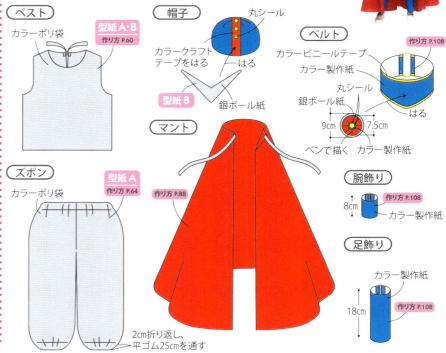

P.50 アイドル キラキラテープのアイドル

材料　カラーポリ袋・カラー製作紙・銀ボール紙・キラキラテープ・キラキラテープのり付き・カラービニールテープ・丸シール・平ゴム・輪ゴム

P.50 アイドル 赤と黒のアイドル

材料　不織布・カラーポリ袋・カラー製作紙・カラー布テープ・キラキラテープのり付き・丸シール・平ゴム・輪ゴム

P.50 アイドル ロングベストのアイドル

材料　不織布・銀ボール紙・キラキラテープのり付き・銀モール・リボン・平ゴム・輪ゴム

P.51 アイドル 赤いチェックのアイドル

材料　不織布・カラー布テープ・キラキラテープのり付き・丸シール・平ゴム・ヘアピン

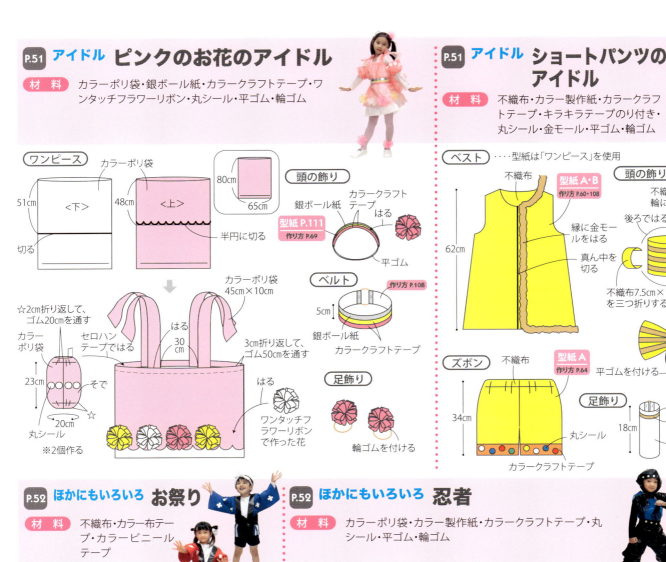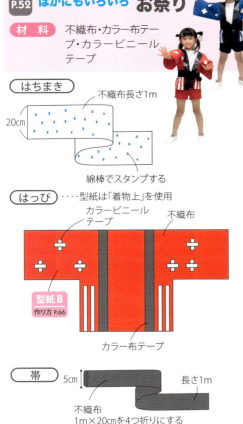

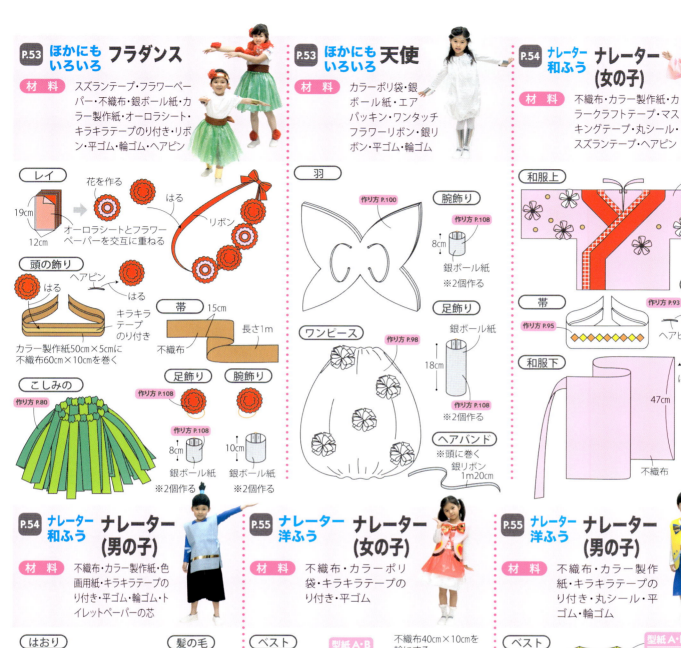

共通の作り方いろいろ

ワンピースの型紙の作り方

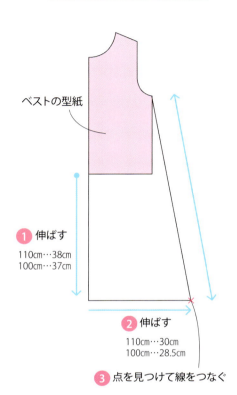

お面、はちまき、頭の飾りの土台・冠

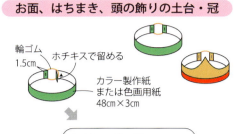
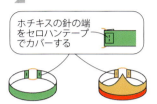

カラー製作紙のベルト・帯

紙の寸法以外は、お面と同じ作り方

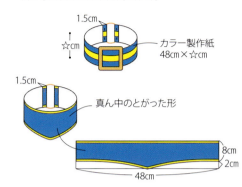

不織布のベルト

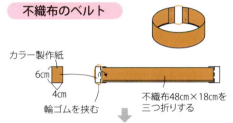

不織布の帯

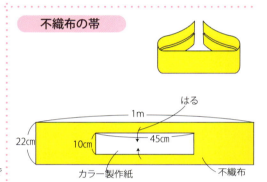

足飾り・腕飾り

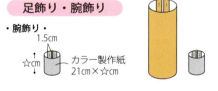
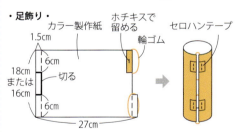

フラワーペーパーの足飾り・腕飾り

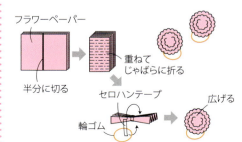

頭きん

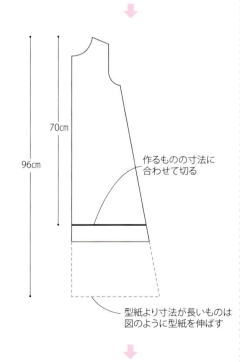

作り方はP.60のベストの作り方を参照

動物の顔のパーツ・付け耳などの実物大型紙

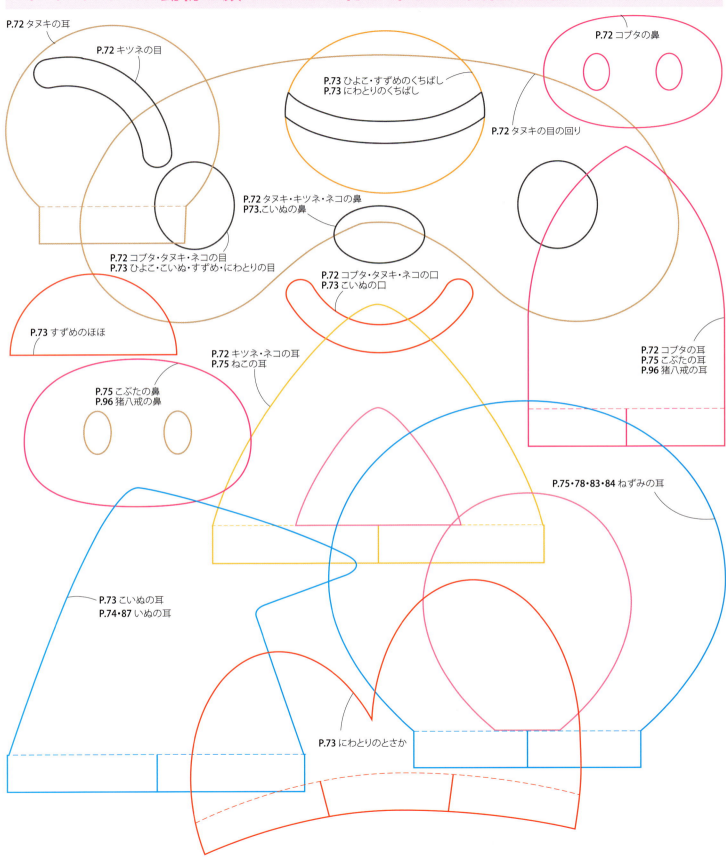

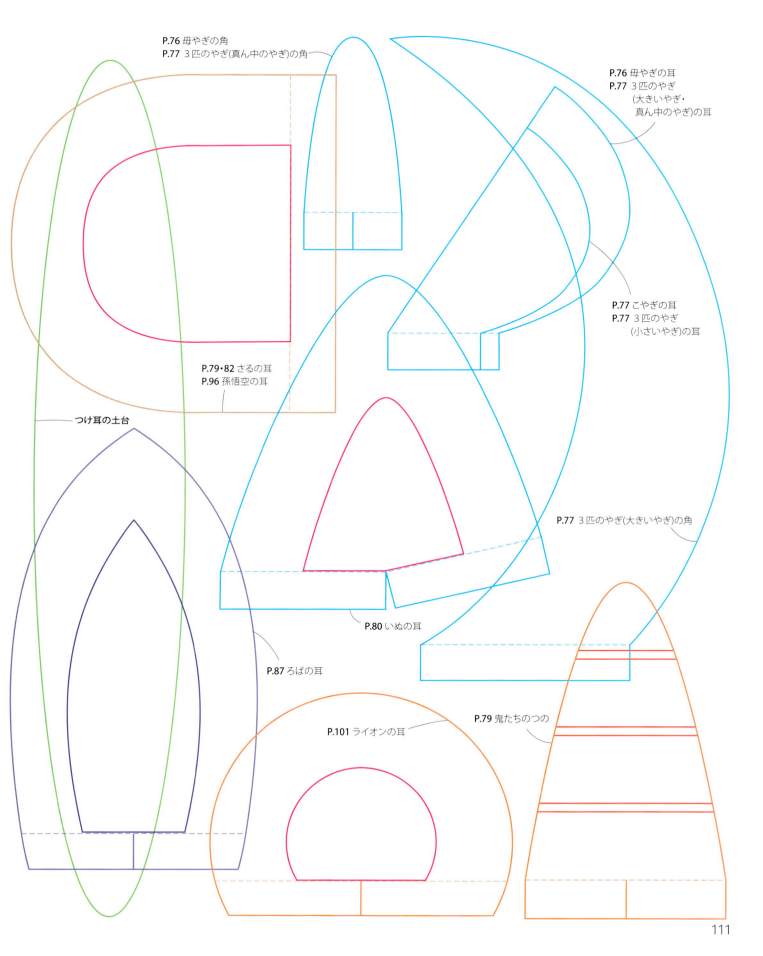

動物の顔のパーツ・飾りなどの実物大型紙